One Person ～一人の歯科医師～ ❶

「歯科ノミクスが日本を救う」

「本著は現代日本社会に対して
私が自身を賭けて挑む聖戦（ジハード）である」

上田　裕康

筆者近影

桜桃歯科外観

ミーティング

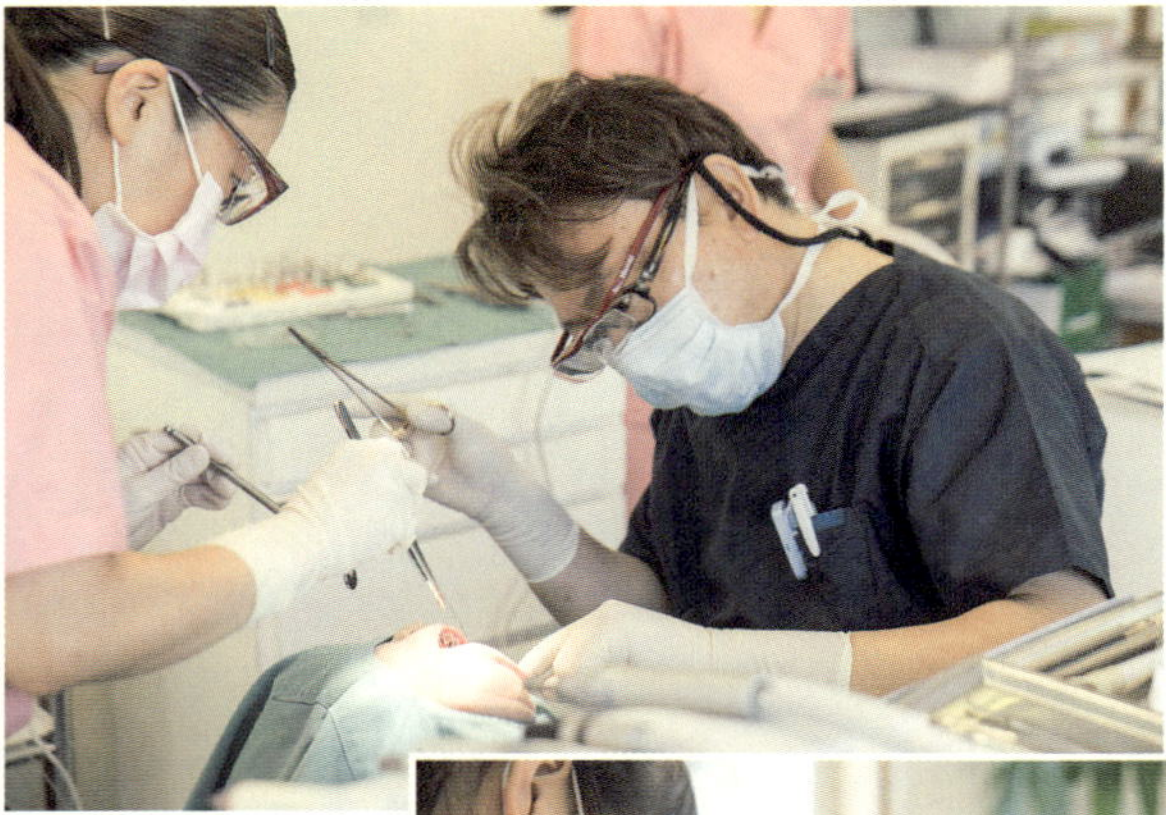

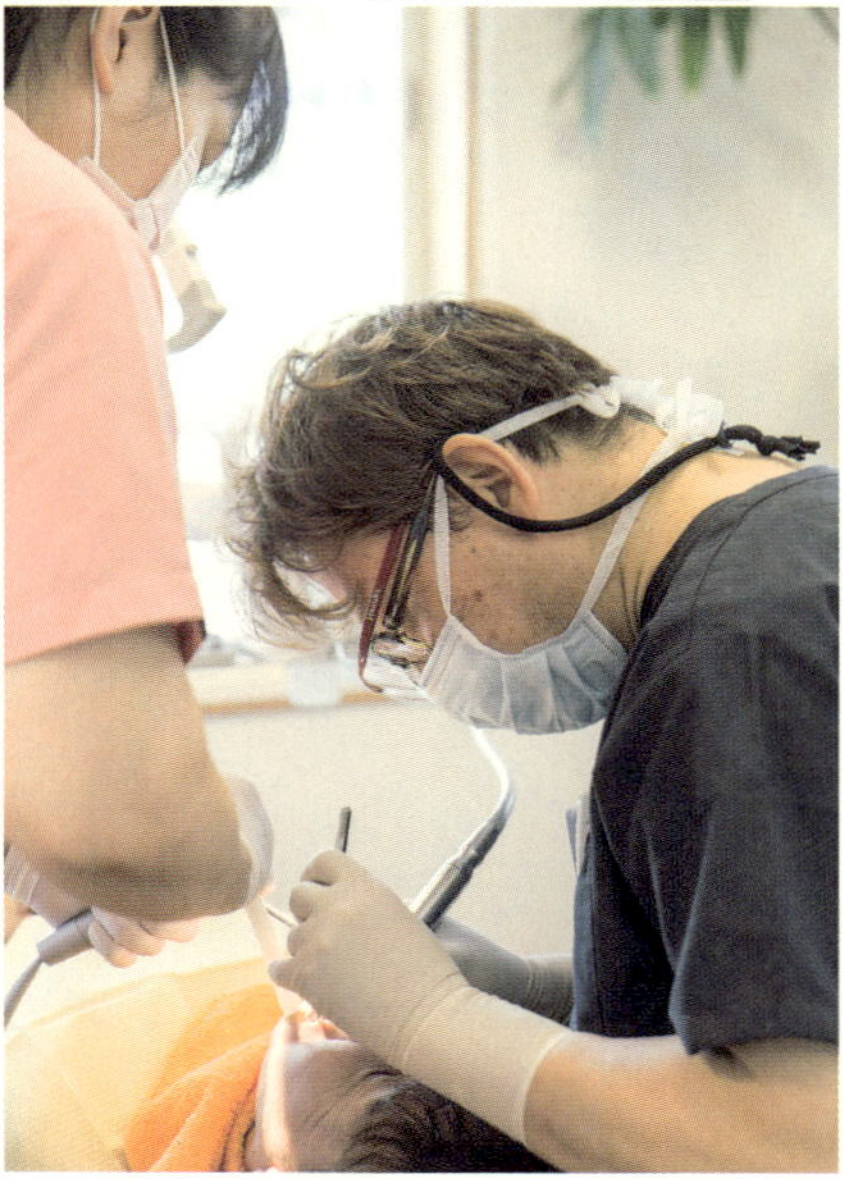

治療風景

目次

はじめに

あなたはご自分の寿命を何歳と予想していますか？　八十五歳でしょうか。それとも九十歳でしょうか。

しかし、どんなに長生きできたとしても、充実した楽しい老後でなければ意味がありません。認知症や機能障害を抱え、周りに負担をかけながらの長生きでは、辛いだけではないでしょうか。

ここにふたつの数字があります。

ひとつは日本人の平均寿命です。男性は80・5歳、女性は86・8歳です。

もうひとつは日本人の健康寿命です。男性は71・1歳、女性は75・5歳です。

ということは、男性は人生最後の9・4年間、女性は11・3年間、健康ではないということです。

すなわち、平均寿命と健康寿命のこの差を縮めること。充実した楽しい老後を過ごすにはこのことが不可欠であり、これを実現するには「歯の健康」が重要な役割を果たすのです。

ここに興味深いデータがあります。首都圏、関西圏の300人の後期高齢者を対象にした生活アンケート調査です。

それによると、「家族や親戚以外で付き合っている人の数」は、歯が二十本以上の人は16・1人、自分の歯が一本もない人は8・0人で、何と2倍の開きがあったのです。

この数字は、「歯の健康」と「充実した楽しい老後」との関係を明快にとらえています。

病の多くは精神的な衰えから始まります。精神的な衰えは自律神経に悪影響を与え、免疫力が衰え、血液の循環も悪くなり、代謝機能が衰えていきます。

精神的な衰えの最大の原因は「ストレス」であり、ストレスを生む最大の原因は「精神的孤独」です。それほどまでに、「孤独」は人間の精神、ひいては健康を害する元凶なのです。

この「孤独」から逃れるには、普段から多くの友人をつくり、コミュニケーションを維持する必要があります。友人と一緒に食事をし、親睦を深め、楽しいひと時を過ごすのです。そのためには、食事をおいしく食べることができ、コミュニケーションを楽しむための「健康な歯」が不可欠です。

高齢者が「健康な歯」を維持するうえでもっとも大切なのは、歯周病対策です。歯周病は八、九割の人がかかり、通常は七十代中後半で歯が失われます。人生九十歳の今日、多くの高齢者が人生の最後の五年から十年を入れ歯で過ごすことになるのです。これでは、充実した老後を送ることはできません。

「歯の健康」をどのように守っていくかは、高齢化社会のきわめて大きな社会問題なのです。

わが国の平均寿命が八十歳を超えたのは１９９０年代に入ってからですので、歯周病研究の歴史は歯科の中では最近の新しい分野です。歯がなくなる前に寿命が尽きていた時代には歯周病はあまり問題視されていない病気だったのです。しかし、将来の長寿化を見越して、歯周病克服の研究がなされてきた結果、定期的に歯のメンテナンスを受けていれば、歯の寿命を延ばすことができ、八十歳を超えても歯を残せることが証明されてきました。

平均寿命が八十歳を超える先進国にあっては、歯科治療は痛い時だけ歯科医へ行って「歯を治す」だけでなく、定期的にメンテナンスを受けて「歯を守る」こと。これが健康で、充実した晩年期を送るための大切なキーワードなのです。（桜桃歯科　歯科定期検診パンフレット序文より引用）

1 善玉が悪玉に変わる体の不思議

私たちの唾液の中に、何億という菌が住んでいるのを知っていますか。常在菌と言われているものです。もともと体の中にいる菌のことです。

口の中には、外部からいろいろな菌が入り込んできます。食べ物や空気の中にいるからです。その中には悪い菌がいます。悪い菌を放置しておけば、体の中へ侵入していきます。これを防ぎ、バリアの役割を果たしているのが常在菌です。

すなわち、口の中にたくさんの常在菌を住まわせておくことによって、悪い菌から体を守っているのです。もしも常在菌がいなかったとしたら、人間は絶えず外部から入り込んでくる悪い菌に感染して、いつも病気に罹ることになるのです。

このように体を守ってくれる大切な常在菌ですが、歯にとっては迷惑な点があります。

唾液中に含まれている常在菌は、歯にくっついてバイオフィルムという粘着性の膜を張ります。そのバイオフィルムに食べ物のかすが付着すると、それを栄養源として、バイオフィルムの菌が増殖を始めます。

歯の上のほうなどは、とくに問題はありません。しかし、歯と歯茎（はぐき）の境い目の歯周ポケットと言われる溝の部分で繁殖した菌は、毒素を出して、歯茎（はぐき）や歯を支えている骨を攻撃します。また、バイオフィルムに唾液の中にあるカルシウムが取り込まれ、硬くなったものが歯石です。歯石そのものに害はありませんが、軽石のように空洞がたくさんあって、ここが毒素を出す菌の住処になるのです。

このようにして、歯茎（はぐき）や歯を支える骨にダメージを与えるのが歯周病です。しかも悪いことに、もともと口の中にあった常在菌は炎症を起こす力が弱いので、歯茎（はぐき）や歯を支えている骨がダメージを受けていても、ほとんど痛みを感じないのです。このため、気がつかないうちに、歯周病はどんどん進行していくことになるのです。

すなわち、体を守ってくれていたはずの善玉菌が、知らないうちに悪玉菌に変わっていくというわけです。何とも皮肉な話ですが、これが人と人の体に住んでいる微生物との、不思議な関係でもあるのです。

歯周病を防ぐための対策。それは歯科医院で行う定期的な歯のクリーニングしかありません。歯石を取り、バイオフィルムを剥がして、常に歯茎（はぐき）や歯を支える骨を健康な状態に保つのです。

（本説明は、正しい医学的説明としては指摘を受ける部分もございますが、一般の方々には今回の記述内容で、歯周病予防を御理解いただければよろしいかと思います。）

2 歯の健康は国家財政を健全に

なぜ、歯周病のお話をしたのかというと、私が昭和三十四年生まれの歯科医だからです。出身地は兵庫県淡路島です。

昭和五十八年に岐阜歯科大学を卒業し、平成七年十月、岐阜県各務原市上戸町一丁目一番地に「桜桃歯科」を開業して、今日に至っています。院長の私のほかに、非常勤の矯正専門歯科医１人、歯科衛生士４人、歯科助手３人、合計８人が携わり、診療台数は５台です。

いわば中規模歯科医院といったところですが、平成二十七年のインプラントの施術本数は８１３本で、全国でもトップクラスの実績を上げています。年商は約４億円でした。年間のインプラント施術本数１０００本の達成ももうすぐで、本年は５億円の年商が達成されそうです。

また、桜桃歯科で歯の治療に携わるのみならず、歯の健康に関するさまざまな活動も行っています。平成二十七年には、優れた歯科医療の普及を目的として、優良歯科医院の連合体「トゥインクル・デンタルグループ」を立ち上げ、そのグループ代表も務めています。

このように、単なる治療に止まらず、歯の健康に関わる幅広い仕事に全力を投じてきたのは、歯の健康を維持することが、一般に考えられている以上に大切なことだからです。歯の健康に関われば関わるほど、その思いを強くしています。

歯の健康は、さまざまな生活習慣病との因果関係が明らかになってきていますし、心の健康を保ち続けるうえでも、きわめて重要な意味を持っています。

しかも、日本は世界に例を見ない勢いで、急速に高齢化が進んでいます。寝たきりの老後を過ごすのではなく、いつまでも健康でいたい。これは誰もが願うことであり、健康への関心は高まるばかりです。

この問題は個人の幸福に関するに止まりません。国民の健康寿命をいかに延ばしていくかは、国家財政に関わる重要な問題として浮上してきています。健康寿命が長くなれば、それだけ寝たきりの状態が短くなり、膨らむばかりの医療費の抑制につながるからです。財政危機の最大の原因は社会保障費の増加であり、その多くを医療費が占めています。すなわち、一人ひとりの歯が健康であるかどうかが、国家財政を揺るがしかねない問題に直結していると言うことができるのです。

私はこれから、人々の健康寿命を延ばし、医療費を削減できる具体的な方法についてお話ししていきます。私の歯科医としての人生を通じて発見したユニークな方法ばかりです。

3 ヘルスプロモーション教育

国民皆保険は、国民の健康を守る上で大切な制度です。この制度のおかげで、誰もが経済的な不安を感じることなく、安心して治療を受けることができるからです。

しかし、この優れた制度にも弱点があります。誰もが簡単に良質な医療を受けることができるため、病気はかかってから治せばいい、という意識がいつのまにか根づいてしまったことです。このため、常日頃から健康管理を行い、病気にならないための努力がおろそかになり、このことが、医療費が増大していく大きな原因になっているのです。

医療費が国家財政を脅かすまで増大してきたからといって、アメリカのように公的負担を縮小し、自己負担を増やす制度に変更すべきではありません。国民の幸せを守り、国家の安定を維持するうえで、国民皆保険は優れたシステムだからです。

そこで必要となるのが、国民皆保険制度を維持したまま、医療費を減らしていくことです。それは国民の一人ひとりが常日頃からしっかりした健康管理を行い、病気にならない体を作り上げることであり、その方法のひとつがヘルスプロモーション教育です。

例えば、岐阜県山県市では、市内の全小中学校で昼食後にブクブクうがいを実施しています。フッ化ナトリウムを用いて行ううがいです。その結果、小学生だけでなく、一般には虫歯が増えてくるとされている中学生でも、きわめて低い虫歯率を保っています。

しかし、私はこの事例について疑問を抱いていました。フッ化ナトリウムはほとんどの歯磨き剤に含まれているので、昼食後のブクブクうがいだけで、ここまでの成果が得られるとはとても思えなかったからです。

この疑問については、五年ほど前、山県市歯科医師会が主催する「岐阜県学校保健協議会総会」に出席した時、その答えを見つけることができました。山県市ではブクブクうがいをするだけでなく、虫歯の原因や生活習慣などについて、先生が授業でくわしく教えていたのです。

すなわち、こういうことです。部活の終わった中学生が、お腹がすいているのでコンビニへ行き、何か食べ物を買う時に、虫歯予防教育を受けていれば、本当はコーラやジュースが飲みたくても、歯のことを考えて、ウーロン茶を選ぶようになるわけです。

山県市の小中学生の低い虫歯率は、このような日常生活でのちょっとした心がけが積み重なって、達成することができたと言えるのです。

4 健康づくりが生み出すアベノミクス第3の矢

山県市の小中学校で行われている事例は、巨額な医療費を削減するために、国や社会がどのように対処していけばいいのかを、明確に示しています。

ここで、厚生労働省の歯科疾患実態調査を見てみましょう。それによると、低年齢の虫歯率は近年、著しく低下しています。ところが、40歳から50歳の虫歯率は、昭和三十二年にデータを取り出して以来、ほとんど変化していません。

このことは、歯磨き剤にフッ素が配合されるなど、歯の健康に関する環境が大きく改善されてきても、国民一人ひとりの生活習慣を改善しないまま放置しておけば、時間の経過とともに歯が悪化していき、何もならないことを示しています。

すなわち、この統計からも、正しい生活習慣を身に付けることこそが、病気を未然に防ぎ、国民皆保険を維持しながら、医療費を削減できる有効な手段であることが読み取れるのです。そして、多くの人に自分の健康は自分自身で守るという意識を身に付けさせる教育、それがヘルスプロモーション教育です。

鉄は熱いうちに打て、ということわざがあるように、まず実施しなければならないのは、幼稚園や小学校低学年での教育です。虫歯や肥満や身近な病気についての知識をしっかり学ばせ、予防方法や正しい生活習慣を教えるのです。

さらに、病気になればしたいことができなくなり、自分の将来を危うくするのみならず、周りの人にも迷惑をかけることまで具体的に教え、こうした教育によって、健康は自分自身で守っていくものであり、病気にならないための努力を続けることの大切さを、しっかり植え付けるのです。

病気にならない人生を送ることの重要性。このことをよく理解している子供たちが大人になっていけば、世の中は大きく変わっていくでしょう。たばこや低栄養高カロリーのジャンクフードは、必ず売れなくなっていくはずです。生活全体が、健康に良いスローライフ的なものに変わっていくかもしれません。世の中が大きく変化していけば、そこから新しい産業が生まれてきます。これこそがアベノミクスで行うべき第３の矢ではないでしょうか。

テクニカルな経済政策ではなく、人々の意識の変化によって世の中を大きく変えていく。このことこそが、停滞したわが国の経済を活性化させ、少子高齢化や環境・エネルギー問題に対処していくための最良の方法だと言えるのです。

5　８０２０で医療費を削減

ヘルスプロモーション教育の効果が現われるのは、今の小学生が中年になる数十年先のことです。そこで今度は、当面の医療費負担をどのように削減すべきか、その対処法を述べたいと思います。具体的には、歯科の分野で行われている「８０２０運動」、すなわち八十歳になった時で健康な歯を二十本以上残そうという運動についてです。

ここに興味深いデーターがあります。首都圏、関西圏の３００人を対象にした調査の中で、七十五歳以上の後期高齢者を対象にして、「歯が一本もない人」と「二十本以上残っている人」の生活実態を調査しているのです。

この中に「家族や親戚以外の付き合っている人の数」という項目がありま す。それによると、「歯が一本もない人」は８・０人、「二十本以上残っている人」は16・1人となっています。ここから、重要な問題が見えてきます。

増大する医療費負担を軽減し、若い世代のエネルギーを老人介護の犠牲にしないためには、高齢者にいつまでも元気でいてもらう必要があります。そして、高齢者に元気でいてもらうには精神の健全を保つ必要があり、これを実現するための大きなカギは、高齢者を孤独にしないことにあります。孤独は精神が不健全化する最大の要因です。

年齢を重ねていくにつれて、未来に向けて新たな人生プランを思い描くことはなくなり、何のために毎日を過ごしているのか、生きていくための張りが失われがちになります。そうした生活の中での生きがいとしては、例えばカラオケで歌をうまく歌いたいというように、趣味を持ち、それを楽しみ、追求する事をあげることができます。趣味を楽しむには、披露し合ったり競い合ったりする仲間が必要であり、楽しい仲間がたくさんいればそれだけやる気も高まっていきます。

自分の特技を見せたい仲間、競い合いたい仲間を得るには、新たな人間関係を作り上げるコミュニケーション能力が必要です。そして、コミュニケーションを深める良い機会は食事をする時です。ともに食事をしながら語り合うことです。

この場合、健康な歯が残っている高齢者はおいしく、楽しく食べることができるので、付き合いが活発になり、うまく仲間をつくることができます。逆に歯のない人は人付き合いが消極的になり、なかなか仲間ができていかないということを、このデーターは物語っているのです。

「８０２０運動」の持つ深い意味は、ご理解いただけたでしょうか。

6 長寿社会の歯科医療

多くの人の歯は、七十代中後半で失われていきます。歯周病は、平均寿命が六十代の頃はあまり取り上げられない病気でした。なぜなら、歯が失われる前に寿命が尽きていたからです。

その当時でも、八十歳や九十歳まで長生きする人はいました。その人たちのほとんどは入れ歯でした。ですから、お年寄りというと多くの人が入れ歯を連想しました。

ところが、社会環境の整備や医療の進歩によって、日本国民の多くが八十歳、九十歳まで生きる時代になってきました。そして、このような長寿社会の到来が予測され始めた四十年ほど前から、歯周病の本格的な研究が始まりました。歯周病学の歴史はまだ新しいのです。

研究が進むにしたがって、定期的にバイオフィルムを取り除き、歯石を除去し続ければ、歯の寿命を延ばせることが分かってきました。八十歳を超えても歯を残すことができるのです。

歯周病は風邪などの病気のように、一度治ればそれで治療が終わるわけではありません。バイオフィルムを取り除き、歯石を除去して、歯茎や歯を支える骨の状態を健全化することができても、時間が経てば、再び唾液中の常在菌が歯に付着して、繁殖を続け、歯茎や骨を侵し始めます。

しかも、歯に付着したバイオフィルムは、通常の歯磨きでは取り除くことができません。このため、定期的に歯科医院に通い、歯のメンテナンスを行う必要があるのです。

しかしながら、歯が痛い時にしか歯科医院へ行かない人のほうが多い、というのが現状ではないでしょうか。これではいけません。七十歳を超えて歯がぐらぐらし、痛くて物が噛めない段階になって歯科医院を訪れても、ここまで悪化していれば、歯を抜く以外に痛みを止める方法がないのです。

こういうことを繰り返していれば、八十歳になる頃には総入れ歯になったりする。これが一般的なパターンです。これに対し、予防医学で有名なスウェーデンの大学の研究によると、定期的にメンテナンスを受けている人の歯を支える骨の状態は、十年経っても変化が少ないと報告されています。

すなわち、八十歳を迎えた人の歯の状態は、定期的なメンテナンスを行っているかどうかによって大きく異なるのです。長寿社会の歯科医療は、「歯を治すこと」と「歯を守ること」の二本柱が必要になるのです。

7 昔陸軍、今医学界？

戦後になされた戦争への反省の中で、大きくクローズアップされたのは軍部の暴走でした。西洋列強が植民地を奪い合う帝国主義の時代にあって、わが国の独立維持のために命がけで戦っている軍隊、とりわけ陸軍に対して、内閣は強くものを言うことができなかったのです。

巨大な軍事費の要求を突きつけられても、軍関係者に「貴様たちに戦地で戦っている兵隊の気持ちが分かるのか」と一喝されれば、何も言えなくなる雰囲気があったのではないでしょうか。こうして膨らんでいった軍事費は、国家財政を圧迫していき、それでも軍の要求に応えようとして、統制経済がなされ、引き返すことのできない戦争へと突入していったのです。

この時の反省から、戦後の自衛隊はシビリアンコントロールがなされ、自衛隊の行動の最終決定権は内閣総理大臣に委ねられているのです。ところが、戦後の日本の医学界には、戦前の陸軍のような特権意識が残っていると言ったら、言い過ぎでしょうか。

多くの医師は「我々の仕事はほかの仕事とは違う。人々の命と健康を守るために、精神をすり減らしてまで全力を投じている、価値の高い仕事だ」という思いを、深く心に刻んでいることでしょう。医師としての使命感、プライドはよく理解できます。しかしながら、この熱い思いの中には、ほかの仕事に対する優越性や特権意識が紛れ込んでいるのではないでしょうか。

医師以外の人たちの気持ちも、同じではないでしょうか。医師という仕事はほかの仕事とは違い、人々の命と健康を守る特別な仕事と見ているのではないでしょうか。

こういう関係が温存されている中で、医学界から予算要求がなされるとどうなるでしょう。人々の命と健康に関わることだからと、赤字国債を発行して未来にツケを回したり、ほかの分野を犠牲にしたりしてでも応えていこうという雰囲気が生まれてくるのではないでしょうか。こういう雰囲気の中では、業務や制度のあり方を見直して、予算を少しでも削減しようという努力がおろそかになっていく。これは当然の流れと言えるでしょう。

私はこのような特権意識はなくしていくべきだと思います。医療関係の予算を特別視するのではなく、国家財政全体から見た適正な配分がなされるべきです。国家全体の未来を見据えた国益確保の観点から、誰もが正しいと思うことが主張できて、セルフコントロールできる仕組みを作り上げること。それが悲惨な戦争体験を通じて学んだ真実だということを、もう一度思い出してほしいのです。

8 医学部信仰にもの申す

　私が受験生だった昭和五十二年、理系の偏差値の上位は国立大学医学部で占められていました。長女が医学部を受験した平成十八年は、その傾向がもっと顕著になっていました。私立の医学部の偏差値は早稲田や慶応の理系学部と同等かそれ以上、地方国立大学の医学部の偏差値は東大の理系学部と同等かそれ以上でした。

　ある週刊誌で、「天才たちのその後」という記事を読んだことがあります。数学や物理学のオリンピックで金メダルを取った高校生たちが、その後どうなったのかを追跡したレポートでした。

　個性豊かで優れた才能に恵まれた彼らの多くは、東大の理科3類から医学部に進み、医師になっているとのことでした。臨床医として勤務していたり、開業医になっている人もいました。その記事を読んだ私は、正直がっかりしました。医師というのは、ある程度頭が良ければ勤まる仕事だからです。

てきぱきと状況を判断し、自分の行った診断に基づいて、認可されている施術や投薬を行う。これが医師のメインの仕事です。ここで必要とされるのは、独創性豊かな才能ではありません。患者さんの状況を正しく理解し、難しい局面を切り抜けていく判断力であり、患者さんの痛み、苦しみを我が事のように感じる共感能力であり、独創性はむしろじゃまな能力と言えるのです。

すなわち、医師になったことによって、せっかくの才能を生かすことができなくなったのです。このレポートを読みながら、私はとても複雑な思いに駆られました。

長女が医師として勤務し始めた時、同じ医局に同じような人が勤めていました。高校時代に物理学オリンピックで金メダルを取った人ですが、東大医学部を出て医師になったのです。ところが、その人は人と接することが苦手でした。そのため、京都大学の数学科に入り直す決心をしたそうです。数学というのは、若い二十代に才能が伸びるものです。その人は才能が開花する時期をすでに逸しており、無駄な寄り道して、フィールズ賞を受賞していたかもしれないせっかくの才能をつぶしてしまったかもしれないと思うと、残念でなりませんでした。

しかし、このような問題は、長女の同僚に限ったことではありません。原発に代表されるエネルギー問題や地球温暖化といった環境問題など、地球規模の解決すべき課題は山積みになっています。このため、優れた理系の頭脳を持つ人たちは、テクノロジーや生命科学、生物環境学などにもっと進むべきなのに、なぜ誰もが医学部へ行きたがるのでしょうか。これは重大な問題です。貴重な才能のロス以外の何ものでもないからです。

9 儲けたい医者は去れ

このような医学部信仰の原因のひとつは、受験産業ではないでしょうか。私の目には、売り上げを伸ばすために大学のランクづけを行い、受験生をあおっているように見えます。そして、さらに大きな原因は、受験生の親たちが医学部信仰にどっぷりとつかかり、何が何でも我が子を医師にしたいと夢見ることにあると思います。

私の友人の一人が進学校の進路主任をしています。彼の話によると、成績のいい多くの生徒が、本人の希望ではなく、親の強い願望によって医学部を目指しています。親の医学部信仰が優先され、生徒の自主性が尊重されていないのです。

こうした受験生の親の盲目的な医学部信仰の根本には、何があるのでしょうか。それは、わが子の生活の安定であり、ひいては自身の老後の安定まで考えているのかもしれません。すなわち、世のため人のために医学の道に進むのではなく、自分や身内の生活の安定のために医者になろうとしているのです。

こういう人たちが増えてくると、どうなるでしょうか。医師自らが自身の生活を優先し、ほかのことが見えなくなるので、国家全体から医療の在り方を考えるようなことはしなくなるでしょう。医療財政が異常な状態に陥ってしまった背景には、このような医療に携わる者の意識の劣化があると思います。

日本の将来を考える場合、財政健全化は避けて通ることはできません。医療財政も例外ではありません。予算削減を求められ、医療従事者に自ら身を切る努力が突きつけられる事態も想定することができます。

ここで私が言いたいのは「治したい医師は残れ。儲けたい医師は去れ」ということです。いかなる時でも、これが医師としての私の根本理念であり、政府もこのような根本理念を基本にして、医療行政に取り組むべきだと思います。

余談ですが、わが国はじめ先進国の子供たちは、大切にされるあまりマザコン、ファザコンの傾向があります。親も子供の人生と自らを同一視し、子供の可能性をつぶしてしまう傾向があります。これを打破するためには、大学へ進学する前に、旧制高校のような大学予備的制度をつくるべきではないかと思います。親元から離れた状態で、自分の可能性や目標について自由に考えるのです。これによって、親の干渉を断ち切り、目的意識を目覚めさせ、精神的逞しさを養うのです。わが国の有用な人材の成長を妨げたり、才能を埋もれさせないためには、こうした制度改革が必要ではないでしょうか。

10 国民皆保険の光と影

わが国の国民皆保険制度は「すべての国民に貧富の差なく良質な医療を受けること」を可能にしました。その結果、貧しさゆえに医師にかかれないという悲劇をなくしていくことができ、わが国は世界に類を見ない長寿国家になりました。乳幼児死亡率ももっとも低い水準にあります。このようなわが国の国民皆保険制度を、ＷＨＯ（世界保健機関）もきわめて高く評価しています。

しかしながら、長寿化に伴う医療費の増加はわが国の国家財政を悪化させ、老後の不安や少子化など、さまざまな暗い影を落としています。さらに、心のどこかに「病気になれば医者へ行けばいい」という安易な意識が生まれ、健康への配慮がおろそかになっているのではないでしょうか。このことが、さらに医療費を膨らませ、医師や薬剤業者も国民皆保険制度をお金儲けの手段として利用している面があるのではないでしょうか。

だからといって、国民皆保険制度の規模を大幅に削減し、民間保険を重視したアメリカ型システムに変更するのも考えものです。高額な医療費負担が自己破産や医療難民という新たな社会問題を生む可能性があり、国民生活の質を著しく低下させ、ひいては国力を衰弱させていくおそれがあるからです。過大な医療費は、低所得者層を犯罪に向かわせる要因のひとつにもなります。つまり国民皆保険制度は、犯罪を未然に防ぎ、社会秩序を維持するという役割も担っているのです。

総括して言える事は、私たちが目指さなければならないのは、「国民皆保険という世界に誇るべき優れた制度を守りながら、どのように医療費を削減していくべきか」に尽きるのではないでしょうか。

ところで、日本国憲法には「日本国民は健康的で文化的な生活を送る権利を有する」と書かれています。医療行政もこの精神にのっとって進められてきました。健康的な生活を送るという国民の権利を実現するために、さまざまな取り組みがなされ、こうして誕生したひとつが国民皆保険制度というわけです。その結果、どうなったかと言えば、医療費の増大が財政危機を招く要因のひとつになってしまいました。

ならば、憲法を改正してはどうでしょうか。「日本国民は健康的で文化的な生活を送る権利を有すると同時に、それを達成するための義務を負う」とするのです。つまり、「権利」を得るには、それを実現するために「努力義務」が必要な事を明確にするのです。

11 「無病国家」をめざして

憲法を改正して、「健康的で文化的な生活を達成するための努力」という義務を付け加える。つまり、日本国民のだれもが、常日頃から病気にかからないように気を配り、健康な人生を生きていくための努力を続けていこうということです。

そうなれば、医療行政や医療業界は大きく構造変化していくことになるでしょう。すなわち、これまでのような「疾病治療」や「対処療法」に重点を置くのではなく、「疾病予防」や「原因療法」を重視する流れに大きく変化していくことになるのです。

社会が「治療型」から「予防型」に変化していくと、どうなるでしょうか。医療機関は病気になった時だけに行く場所ではなくなります。健康を維持管理するために、日常生活の多くの分野に入り込んでくることになるのです。医薬品も病気を治療するためだけに使用するのではなく、健康を維持するためのサプリメントとしての側面が重視されるようになるでしょう。

熱が出たり頭痛がするからクリニックに行くのではなく、健康を維持するために行くようになるのです。そこで検査を受けて、医師からは適切な生活習慣の指導をしてもらったり、その人に必要なサプリメントや、改善すべき生活習慣や、運動などのエクササイズを処方、指示してもらう。その結果、全国民が健康な生活を送るために必要な総合的健康ビジネスが誕生することになり、新しい産業分野が生み出されるのです。このように、医療のあり方が大きく転換していけば、健康な高齢者が増えていき、いつまでも元気に働き続けることができるようになります。そうすれば、少子高齢化で懸念されているＧＤＰの減少にも、歯止めをかけることができるでしょう。

わが国が長期的な経済の低迷から脱出し、国力の衰退を招きかねない事態を回避するための政策として、私はこの「無病国家論」を提案したいと思います。それは、わが国の経済を活性化するためだけでなく、世界に対してかせられている日本の使命ではないでしょうか。

なぜなら、中国をはじめとする多くの国が、これから少子高齢化社会に突入していこうとしています。この問題にどの国よりも早く直面したわが国は、世界に向けて、経済と社会保障を両立できる確かなモデルを指し示すべき立場にあります。医療をマーケット至上主義に委ねることなく、国民の健康を維持し、経済的にも持続可能な国の形を確立すべきであり、その誇りと責任感を持って、世界へ向けた福音を発信すべきなのです。

12 「無病国家」の医療とは

ここで、「無病国家」を目指すための医療のあり方について述べてみましょう。

疾病治癒、すなわち病気を治すにはふたつのアプローチがあります。そのひとつは、現在の病状を治癒するための「対症療法的」なアプローチであり、もうひとつは病気の原因を追究して、再発を起こさせないようにする「根本療法的」なアプローチです。

これまでの医学界は、主に「対症療法的」なアプローチに基づいて、治療の方法や手段についての研究開発がなされてきました。これによって、巨大な医療産業が誕生し、成長を遂げ、産業界の重要な一角を占めるに至っています。

しかしながら、これから「無病国家」を目指していけば、医学研究のあり方も大きく変化していくことになります。すなわち、人々の健康を第一に考えれば、病気にならないようにすることが大切であり、病気になっても二度とその疾病を起こさないようにすることが重視されるようになります。そのためには、病気のメカニズムを解明し、それに対応すべく臨床の現場、社会システムを構築、整備することが必要になり、ここに新しい産業が生まれてくることになります。

ところが、現在の医療界は「対症療法」が中心になっているため、病気になる原因が究明され、病気が大きく減少していくことになれば、雇用が失われるかもしれないと懸念され、そのことが新しい第一歩を踏み出せないでいる要因のひとつになっているかもしれません。

しかしながら、先に述べたように、病気になった時だけでなく、日常の健康管理に医療界が広く関わってくることになるので、医療界は今以上に社会的役割が大きくなり、中心産業としてより確かな地位を占めるようになるのではないでしょうか。すなわち、「世界に冠たる医療充実国」から「世界に冠たる無病国家」へとパラダイムシフトすべきなのです。

ちなみに、私は歯科医の立場から「無病国家」に向けた取り組みを医学的な研究の立場からも開始しています。ストレス社会を乗り切り、国民が幸せになれるための、非常にユニークな原因療法について、脳科学、アレルギー・免疫機構、機能的な解剖学的身体変化の三つの観点から提案し、志を同じくする医学部、歯学部教授達とともに、内閣官房健康医療戦略室において説明し、理解を得るための取り組みを行っています。

13 求められる医学界の自覚と目覚め

今から四、五年前のことだったと思います。わが家の愛犬、十三歳のゴールデンリトリバーが臨終の時を迎えました。当時医学部の六年生であった長女は、持てる医学知識を総動員し、思いつく限りの検査や処置を岐阜大学獣医学部病院にお願いしました。しかしながら、その努力が実ることはありませんでした。

長女は悲しみ、愛犬を救えなかったことを嘆いていました。しかし、私は悲しみにくれるだけでなく、その月の犬の治療費の請求額を見て驚きました。百六十万円という高額だったからです。犬の治療費には保険がなく、全額負担です。全額負担であれば、医療費はこれほどまでにかさむものだということを、改めて実感させられる出来事でした。

私は「これが犬ではなく人間であり、もし国民皆保険制度がなかったとしたら」と考えました。そうなれば、命を救えるかどうか以前に、経済力があるかどうかが問題になってしまう。私はそんな思いにとらわれていたのです。

しかしながら、実際には国民皆保険制度があり、しっかり機能しています。このため、病気になっても直接支払う医療費は少なくてすむのです。すなわち、患者さんは治療費が払えるかどうかを心配することなく、医師に勧められるままに、多額な治療を受けることができるというわけです。先の見えている終末医療の場合でも事情は同じであり、見方を変えれば、医師にとって国民皆保険制度は金のなる木とも言えるのです。

医師というのは、国民の健康を守る番人であり、命の番人です。そのことを自認するのならば、医師はこれまで以上に、病気を治療するのみならず、病気そのものを世の中から根絶するための取り組みを行うべきであり、医師団体が率先してより積極的で具体的な行動を起こすべきではないでしょうか。多くの病の原因になっている社会的ストレスを解消するために、社会全体から医療のあり方をとらえ直し、より良い医療のあり方を模索し、それを広く社会に訴えかけるような活動を展開していくべきなのです。

ところが、現実の医療界は、医師や薬剤関係者の生活水準の維持、向上に直結する、保険治療の拡充とそのための予算確保が優先課題になっており、真に国民生活の幸せを考えた、これからの医療はどうあるべきかを考えるための取り組みは、必ずしも充分とは言えないのではないでしょうか。世界に冠たるスーパー互助システムである国民皆保険制度をどのように維持存続させ、日本に続いて高齢化に直面していく世界の主要国をいかにリードしていくか。わが国の医学界の自覚と目覚めが求められるところです。

14 インプラント治療のすゝめ

冒頭で紹介しましたが、私が院長を務める桜桃歯科は、全国でもトップクラスのインプラントの施術実績があり、年間の施術本数千本を達成するのも間近です。そこで、このインプラント治療について述べたいと思います。

損なわれた歯の機能を回復するうえで、インプラント治療は大変有効な方法です。インプラント治療による効果を「Aランク」とするならば、入れ歯による治療効果は「Cランク」に位置づけられると思います。どんなに良い入れ歯を入れたとしても、せいぜい「Cの上」といったところではないでしょうか。そのくらい、治療後の患者さんの満足度に違いが出るのです。

顎の骨がほとんど平らになってしまっている人は、入れ歯を入れても動いてしまって、うまく噛むことができません。そういう人に二本のインプラントを入れて、入れ歯を固定すると、何でもおいしく食べることができるようになります。以前でしたらまったくお手上げだった入れ歯の状態を、よく噛める状態に変えることができるのです。事実、治療後に「今は太り過ぎが心配です」という感想を聞くことも珍しくありません。

インプラント治療は、高齢者のクオリティ・オブ・ライフ、すなわち生活の質を向上させるうえでの救世主的な存在なのです。しかしながら、インプラント治療は事故が多いとか、危険な治療だとして、尻込みする患者さんが多いのも確かです。

インプラント治療というのは、骨の状態が充分安定している状態であれば、きわめて簡単な治療法です。骨にドリルで穴をあけて、そこにチタンのインプラントを木ねじのように入れるだけなので、一本の手術時間は、実質五分から十分もあれば終了する手術です。

ところが、状態の悪い骨にインプラントを入れようとすると、思わぬアクシデントにみまわれ、マスコミで取り上げられるような事故につながったりします。

また、この骨に埋め込むチタンは、きわめて生体との親和性が高い金属です。しかし、いかに親和性が高いからといって、人体にとって異物である事に変わりがありません。天然の歯に比べて炎症を起こしやすく、多くの場合、インプラントを支える骨の炎症が進んでやがては脱落する運命をたどります。周囲炎症の進行度合いは体質などにより個人差があり、中には三十年以上もったという報告もありますが、通常はインプラントが機能する期間はおおよそ十五年から二十年といったところではないでしょうか。

従いまして、インプラント治療後のメンテナンスをきっちり行う事がより長くインプラントを機能させるために必須事項となります。またインプラントの性能は日進月歩で進化しており、脱落しても骨の再生を待って新たにやりかえる事が可能ですので、インプラント治療の将来に関しては不安を感じる必要はありません。

15 信頼できる歯科医院とは

場合によっては思わぬアクシデントに見まわれかねないインプラント治療ですので、手術を受けるには信頼できる歯科医院を選ぶことが重要になってきます。それでは、信頼できる歯科医院であるかどうかを、どのように見分ければよいのでしょうか。

信頼できる歯科医院の条件の一つ目は、ＣＴなどの診断機器が完備している医院です。骨の状態などをしっかり検査し、手術して危険がないかどうかを見極めることができるからです。

二つ目は、手術が成功しても、インプラントの効果には期限があるなど、治療の限界についてもはっきり説明してくれる医院です。甘い偽りの言葉で勧誘し、高額なインプラント治療を行って、何が何でも金儲けをしようとはしない、良心的な医院であることが分かるからです。

三つ目は、保証のしっかりしている医院です。チタンがいかに生体親和性の高い金属だからといって、異物を体内に入れることに変わりはないので、思わぬトラブルに遭遇する場合があります。その場合、問題が起きたのは患者さんの体質のせいだとか、患者さんの管理が悪かったからだと言って、責任を転嫁したりせず、きちんと保証してくれる医院を選ぶべきです。

四つ目は、経験の豊富な歯科医師のいる医院です。外科手術の技術力を評価する尺度として、学習曲線というグラフがあります。外科手術はある程度、経験を積み重ねることによって上達していくものだからです。

インプラント治療の場合、歯科医師の技術力を見極めるための重要なポイントは、インプラント施術の経験本数です。経験豊かな歯科医師であればあるほど、思わぬトラブルに遭遇した時でも、より良い結果になるような解決手段を取ることができます。なぜなら、経験を積んできた歯科医師であれば、過去に不適切な解決方法を選択してしまった苦い経験もしてきたに違いないからです。そして、このような苦い経験もしてきたからこそ、危険と感じれば瞬時にメスやドリルの動きを止めることができるでしょうし、安全と判断すれば、ためらうことなく素早い施術を行うことができるのです。その結果、安全で、的確な手術を、短時間で終わらせることができるのです。

このように、経験豊かな歯科医師を選ぶことは、安心してインプラント治療を受けるための大きな条件のひとつなのです。

16 噛み合せ治療の研究

平成十二年から十八年頃までのことです。私は、京都大学再生医科学研究所と東北大学大学院老年呼吸器内科の研究生をしていました。当時の私は、埼玉県にあるＢＢＯ研究会という噛み合せ治療を研究するグループに参加して、この噛み合せ治療の真偽を確かめるための研究をしていたからです。

この頃の私は、噛み合せ治療は万病を治すことのできる治療法であると認識していました。正しい噛み合せを作り上げることによって、体のねじれを取ることができ、人体が本来持っている免疫機能や神経機能が正しく発揮され、そのことによってあらゆる病気を根源的に治癒することができる、いわば究極の治療法であると考えていたのです。

この治療法に興味を抱いた私は、ＢＢＯ研究会に入会し、そこで癌や骨肉腫、さらには糖尿病などの内科系疾患、あるいは腰痛などの運動機能障害などが、噛み合せ治療によって治すことができるという症例を見せられました。研究グループの歯科医による報告であり、歯科医が嘘をつくはずがないとの思いから、すっかり信じてしまいました。

しかしながら、医学的に確立されていない民間療法でしかありませんでした。そこで、この治療の本質を大学で究明し、正式な治療法と認知されるように、私なりの試みを行っていたわけです。

京都大学再生医科学研究所の堤定美教授、東北大学医学部の佐々木英忠教授という、わが国医学界のトップクラスの教授のバックアップを得ることができ、この万病に効くと言われていた治療法の本質の解明に努めました。

その結果、分かったのは「噛み合せを変えることで全身の状態の変化につながることは、ありえない」ということでした。病気が治ったとすれば、偶然あるいはほかの要因によるものだというわけです。

私は噛み合せ治療の論文を書くために、治療データーを取っていました。ここで私が実感していたのは、噛み合せ治療を行ってから数週間ぐらいの間は、それなりの治療効果を見出すことができるが、それ以降になると、ほとんどの場合、元の状態に戻ってしまうということでした。

こうしたことから、噛み合せ治療は患者さんの期待がもたらした一種のプラセボ現象、すなわち、思い込みによって回復感が得られたに過ぎないと結論づけています。

17 理想的な噛み合せはない

私は、噛み合せ治療の効果は思い込みによる回復感に過ぎないと結論づけましたが、その後、それを裏づける報告がなされました。日本歯科医学会、日本補綴歯科学会、日本口腔外科学会など、わが国の主要六歯科学術団体からなる日本顎関節学会が、２０１３年に示した「顎関節症患者のためのガイドライン」です。

そこには「顎関節症は、大規模な疾学調査の結果、進行する疾患ではなく、時間の経過とともに症状が軽くなる疾患であることが明らかになっています」と明記されているのです。

顎関節症や噛み合せの不調は、とりわけ若い女性に多く発生しています。年齢的なピークがあるのです。このことから、私は一部の例外を除いて肩こりなど同様に、疾患ではなく違和感の類であり、それを不調と感じるかどうかは、本人の性格やストレスなどの精神状態に左右されるものと確信するに至っています。

ただし、以前から困った動きがあります。顎関節症の患者さんが全身的な不調を訴えてくるため、歯科医師が思い込みの理論に基づき、噛み合せを変えることによって、治療しようとする流れがあるのです。患者さんの不安をあおり、今でも一部の歯科医院がこのような高額治療を施しているのは、憂うべき問題です。

顎関節症や噛み合せの不調は、一部には骨格異常が原因している場合がありますが。しかしながら、ほとんどの場合において、その人の精神状態の変化とともに改善していくのです。だからこそ、その人の精神状態が再び変化していけば、再発することもあり得るというわけです。

すなわち、ここでぜひはっきり認識していただきたいのは、顎関節症の多くは疾病ではなく、単なる身体の不調に分類される現象に過ぎないので、放置しておいたとしても、将来、何らかの全身疾患につながることはあり得ないということです。

噛み合せの不調についてもそうです。その人にとっての理想的な噛み合せというものは存在しません。噛むという行為は、歯を上下に動かしてぶつけ合う事で食べ物を咀嚼し、胃での消化を経て、腸での栄養吸収にいたる流れの第一ステップの機能に過ぎません。つまり、食事をして飲み込むことができればそれでいいのです。

私の知人の有名国立大学病院顎関節診療部の歯科医師は、こう言っています。

「噛み合せがあらゆる身体の不調を引き起こすという、過剰な咬合信奉者が後を絶たない。結局は過剰な医療行為に誘導していくことになるのだ。そして、その尻拭いは大学病院だ」

これは歯科医師が噛み合せ治療で全ての病気が治るという考えに基づき、大がかりな治療を行ったにもかかわらず、結果が出ず、にっちもさっちも行かなくなって、結局は大学病院に患者紹介という形で救いを求めてくる。あるいは患者さん自らが大学病院に救いを求めて訪れる。大学病院では、こういった患者さんに対して、治療した歯科医師の立場を損なわないように配慮しつつ、噛み合せ治療への、過度な期待と間違った思い込みを取り除いて、患者さんが納得するように通常の治療を行う。すなわち、大学病院が尻拭いしているという、憂うべき歯科界の現状を物語っています。

噛み合せ治療で、全身の健康が達成できるといって、高額な治療費を提示する歯科医院にはご注意下さい。

18 「トゥインクル・デンタルグループ」を設立

私は平成二十七年、優れた歯科医療の普及を目的とした優良歯科医院の連合体「トゥインクル・デンタル（Twinkle Dental）グループ」を設立しました。これから、なぜ設立するに至ったのか、その理由を述べたいと思います。

毎年四月十八日は「良い歯（418）デー」です。私は岐阜県保険医協会が催している、この日にちなんだ歯の電話相談を担当したことがありました。その時感じたことは、一般市民の方々は、通常の保険治療であっても、ネットなどで評判を調べて歯科医院を選んでいるということでした。

このような行動の裏には、歯科医院に対する市民の不信感がかなり深く存在しているのではないか、と感じました。電話相談でひとりの中年女性の言った最後の言葉が心に残りました。

「こんなにたくさん歯医者さんがあるのに、どこへ行ったらいいのか分からないんです。どこか信頼できる歯医者さんを教えてください」というものでした。

ネット社会に入って情報が豊富になり、同じ資格を持っている人であれば同じように信頼できるといった認識は、すっかり崩壊してしまいました。これまで、同じ資格を持つ者として伏せられてきたさまざまな実態が、表にさらされるようになってきたからです。このため、市民は商店などにとまらず、医療などの専門機関に関しても、できるだけくわしい情報を得て、間違いのない選択をしようとするようになってきました。要するに、医師という肩書きを持ってさえいれば信頼されるという時代は終わったのです。

歯科においては実際に、一般のお医者さんに比べて、歯科医院間のレベルの違いは大きく、どの歯科医院にかかるかによって、その人の一生の口の中の健康状態が大きく変わることになります。

では、なぜこのように歯科医院間のレベルの差が大きいのでしょうか。それは、歯科医師の数が過剰になってしまった結果、歯科医の収入が低下していき、歯学部の人気がすっかりなくなって、有能な人材が集まりにくくなってしまったからです。

多くの私立の歯学部は、入学試験の偏差値が四十点代で、定員割れの状態です。ですから、授業料を支払えば、大抵の私立の歯学部には入学することができてしまうのです。この実態については、斎藤正人さんの「この歯科医がやばい」（幻冬舎新書）を参照してください。

19 優秀な歯科医が手を結ぶ

このように、大学の歯学部の人気がなくなり、有能な人材が集まりにくくなってきたことによって、有能な人材が枯渇し、そのことが歯科医院間のレベルの格差を生み出すもっとも大きな原因になっていると思います。もちろん、優秀な人材もいるのですが、玉石混交が著しいというのが、現在の歯科医院の実態なのです。

私は歯科医として、さまざまな経験を積んできました。多様な人生経験を通して、ある程度客観的に自分自身をとらえることのできる年齢になってきました。そういうわが身を振り返り、歯科医師としての実績や治療経験から判断して、私は自分が優秀な歯科医のひとりであると判断しています。

のみならず、私が親しくしている歯科医師たちも、これまでに積み重ねてきた業績から見て、優秀な歯科医師がほとんどです。そして、彼らの歯科医院はいずれもよく流行っています。ネット社会の今日において、流行っていない歯科医院は、何らかの問題があると見て間違いないでしょう。

こんなことがありました。桜桃歯科の患者さんのひとりが東京に引っ越され、その人からメールで治療の相談を受けたのです。岐阜まで来ることができないので、住まいの近くにある良い歯科医院を紹介して欲しいというのです。要望どおり、知人の歯科医を紹介しました。しばらくして、「東京でいい歯医者さんにめぐり合うことができず、困っていましたが、紹介してもらった先生はいい先生なので、これからずっと通うことにします」というお礼のメールをいただきました。

こうした経験もあって設立したのが「トゥインクル・デンタルグループ」です。玉石混交の歯科医院の中から、私が直接面接をして、ここならば大丈夫という歯科医院を選び、同じグループとして広く紹介していこうという試みです。

これまでにも、歯科医院のグループはいろいろありました。しかし、いずれも業者が主導して結成したもので、共通の機材を持っているとか、共通のセミナーを受講したことなどを基準として、メンバーを選んでいるものばかりです。私が行っているような、歯科医師が自らの基準に基づいて優秀と思われる歯科医師を選んでメンバーにするといったグループは、過去にも、現在もほかには存在しません。

優秀な歯科医をお探しの方は、トゥインクル・デンタルグループのホームページ（twinkle-dental.com）をご覧になってください。

20 思い込みと真実

医療専門誌「小児科臨床」の二〇一五年十一月号に、日本赤十字和歌山医療センター研修医による「キラキラネームとER（救急医療）受診時間の関係」という論文が掲載されていました。キラキラネームとは、一般常識から著しく外れていると見なされている珍しい名前のことです。

それによると、午後九時から翌日午前九時までの深夜時間帯にERを受診した割合は、キラキラネームと思われる子供が十六人のうち六人で37・5%、普通の名前と思われる子供が八十八人のうち十一人で12・5%となり、キラキラ児は普通児の三倍という結果になりました。

このため、「子供にキラキラネームをつける親は、公共への配慮に欠けるので、深夜時間帯に多く受診している可能性がある」という結論を述べています。しかしながら、論文を書いている医師はもともと、子供にキラキラネームをつける親がネット上で悪く言われているのを知り、こうした風評をなくす目的で調査を行ったそうですが、こういう思いとは逆の結果が出てしまったというわけです。

私も歯科領域の分野で、自分なりの理屈や風評から、似たような思い込みをしていたことがあります。「シングルマザーの家庭や、母親がアジア系外国人の子供は、虫歯が多い」と思い込んでいたのです。こういう家庭の子供は、充分手をかけられていない、かまってもらえない、衛生意識が日本人とはかけ離れているという理由で、また実際にそういう例に出会った経験から、私自身そう信じていましたし、他の人にも話していました。

私が担当している幼稚園で検診をしている時、本当にこの考えが正しいのかどうかを知りたくなり、検診後、幼稚園の先生にお願いして、データーの採取をしていただきました。

すると、次のような結果が出ました。

検査をした総数は３４９人で、このうち虫歯のある子供は46人いました。内訳は、シングルマザーの家庭の子供が４人、親がアジア系外国人の子供と、欧米系外国人の子供がいずれも０人、一般的な家庭の子供が42人で、一般的な家庭の子供がほとんどでした。

また46人のうち、幼稚園側が家庭環境に問題があると認識している子供は４人、家庭環境に問題はないと認識している子供は38人となり、問題のない家庭の子供がほとんどでした。

このように、私の思い込みは完全に否定されてしまったのです。

実は、この虫歯のデーターの分析について、より正確な現状を把握するために何人かの意見に耳を傾け、それを取り入れて、新たに全体から見た割合ではなく、通常家庭、シングル家庭、アジア人母親家庭に分けて、各家庭状況ごとに虫歯のお子さんの割合を出して比較してみました。

その結果、両親とも日本人の通常家庭では虫歯のある児童は337人中52人で15%だったのに対して、シングルの家庭の児童は10人中4人で40%となっており、以前の私の仮説を裏付ける結果となりました。

また通常家庭でも幼稚園側が家庭に問題があると認識している家庭の児童は7人中3人の43%、シングル家庭の場合は3人中2人の66%が虫歯になっており、これらの事からやはり、単親家庭、両親が居ても問題家庭の児童は虫歯が多いとの結果が出ました。

21 神話を信用するのは危ない

もちろん、この一回の調査だけで、家庭環境と子供の虫歯の関係について、こうだと断定することはできません。調査したのが幼稚園ではなく、保育園であれば、違った結果が出ていたかもしれません。また、幼稚園もそれぞれに教育環境が異なっていますので、ほかの幼稚園で調査していたら、これまた違った結果になっていたかもしれず、今の時点では何とも言うことができません。

しかし、幼稚園で行った調査結果を見て、私自身は明らかに変わりました。以前のように、自分の思い込みや自説をあまり振りかざさなくなったのです。これまでに、私の思い込みがもたらした心無い言葉で、何人の人が傷ついたことだろうかと思うと、申し訳ない気持ちが込み上げてきます。

人はなぜ偏見によって、考え方を縛られたりするのでしょうか。このことについて、科学的に解説している好著があります。クリストファー・チャブリス、ダニエル・シモンズの「錯覚の科学」（文藝春秋）です。

この本を読んでみると、先入観によって、いかに人間が存在しないものを存在すると信じたり、事実とまったく異なる情景を視覚的に記憶してしまうことなどが、実験によって示されています。大変、おもしろい本です。

神話と言われているものを信用するのは、きわめて危険な行為です。人間は精神的な安心を求めて、真実ではなく、自分自身にとって都合のいい情報を信じようとする傾向があります。このことが多くの判断ミスを生み、取り返しのつかない失敗となり、そのことがハンディキャップとなって、その後の生き方を大きく狂わせてしまうことがあります。

このような失敗を防ぐには、できるだけ多様な意見を受け入れ、感情ではなく、客観的なデーターに基づいて物事を判断していく習慣を、日本国民全員が身につけるべきではないでしょうか。これこそが民主主義を支える大切な基盤になるのだと思います。

さらに言うならば、データーの取り方次第で導き出される結果が違ってくるので、今あるデーターに固執せずに、多くの人達の意見を取り入れて、より正確な情況把握をしようという柔軟な姿勢も大切です。

ちなみに、虫歯のデーター分析にご協力いただいたのは、各務原子苑第二幼稚園の先生方です。この結果から、私は貴重な気づきを得ることができました。大変、感謝申し上げます。

22 天皇陛下ご夫妻への感謝の気持ち

私は中学二年生の時、膝の靭帯断裂で一ヵ月ほど自宅療養し、松葉杖で生活していた時期がありました。その時、当時は皇太子、皇太子妃殿下であった天皇ご夫妻が、私の故郷である淡路島をご訪問されました。

午前中にパレードが行われるということなので、私は寝巻き姿と松葉杖で家を出ました。そして、沿道に立って、お車がやって来るのを待っていました。両殿下を乗せたお車が静かに近づいてきて、沿道の人々がしきりに手を振る中、ゆっくりと私の前を通過しようとしました。

その時、美智子妃殿下がまっすぐ私の目を見て手を振られていたのを、今でもはっきりと覚えています。当時の一般の女性がしないような、オレンジと緑のアイシャドウメークのお顔は、その時感じていた深い感動とともに、忘れることができません。そしてそのまま、お車は通り過ぎていきました。

自宅に帰る道すがら、私は「あの方は沿道にいる人々の中で、とりわけ体の弱い人や病気の人に向かって、励ますようにして手を振ってみえたのではないだろうか。だからこそ、寝巻き姿で松葉杖をついている私を見てくださったのだ」などと考えていました。

ご高齢になられた現在でも、両陛下は熊本の地震の被災地を訪問され、被災された方々に熱心に声を掛けてみえました。その時のニュース映像を見ていた私は、社会的弱者を思う姿勢は、私が中学生だったあの当時と少しも変わってはいないのだと思い、感動を覚えました。

また、あたかも体力と気力の限界に挑戦するようにして、命を落とした多くの人々を慰霊するために、かつての戦地を相次いで訪問され、深く平和を願うお姿も忘れることができません。お二人の祈りの光景は心に迫るものがあります。

天皇、皇后としての宿命を受け入れ、果たすべき使命を粛々と全うしていかれるお姿を見て、私はこれまで幾度となく励まされ、癒され、また自らを戒め、律してきました。なぜなら、私たち一般人も、降ろすことのできない宿命というものを、大なり小なり背負って生まれ、日々を生きており、両陛下のお姿は、我々が、かく生きるべきであるという目標、理想を感じさせてくれるからです。

私たち日本人は両陛下から、人はこのようにして生きるべきだという見本を、現在進行形で見せていただいている、幸せな国民だと思います。

23 日本人が手放してはいけない宝物

私は、わが国が先の戦争に負けて得たもっとも貴重なものは「基本的人権」と「国民主権」だと考えています。言うまでもなく、いずれも国家が国家として成り立つための基本理念です。

日本の長い歴史の多くは、天皇を頂点にいただいた官僚国家の歴史でした。しかも、一度も他民族による侵略支配を受けてこなかったという、きわめて特殊な環境にある国でした。

ところが、常に戦争によって国境が変化し、支配者が交代し、他民族に侵入によって翻弄されてきたというのが、ヨーロッパの歴史です。そして、こうした歴史の中で培われてきたのが「基本的人権」であり「国民主権」という考え方です。

したがって、ヨーロッパのような歴史を経験してこなかった日本人には、お仕着せの服のように、まだしっくり着こなせない部分もあるのではないかと思います。

しかしながら、ヨーロッパ諸国が長い長い試行錯誤の末に見出したこのふたつの概念は、真に強い国家や民族を形成していくのに不可欠な到達点なのだと、私は高く評価しています。

先の戦争で、国体が主導し、国民は従属を強いられていたわが国は、完膚なきまでに打ちのめされました。この結果が、どちらの考えが正しいのかを、嫌と言うほど明確に、わが国の国民に示してくれたのではないでしょうか。

今年（平成二十八年）七月の参議院選挙では、改憲支持政党議員の割合が、憲法改正動議に必要な3分の2に達しました。自主憲法制定の趣旨はよく理解できます。しかしながら、改憲派の政治家の中には、戦前へのノスタルジーからなのか、「基本的人権」や「国民主権」を軽視し、本当は「国体主導」「国民従属」へ回帰したがっているのでは、と疑いたくなる人たちがいるのが心配です。

経済や情報のグローバル化によって、日本のような経済規模の大きな国が、世界に開かれた国家観を見失い、戦前のような閉ざされた国家に戻ることは、地球規模の責任からして、決して許されることではありません。それこそ、祖国が生まれ変わる夢を未来の人たちに託して死んでいった多くの御霊に対し、会わせる顔がありません。

自主憲法の基本理念には、「基本的人権」と「国民主権」を揺るぎなく打ち立てること。私はそのために、できる限りの活動をしていきたいと思っています。

エピローグ ～生きるということ～

敬愛する人たちと
ずっとともに歩めること
そして、自分もまた
誰かの敬愛の対象となって
その人を励まし続けること
人生はこれで充分だと思う。

成功するかどうかは
成り行き次第で
どうなるか
よくわからない。

ただ、自身の魂を健全に保つこと
それを第一に考え
人生を生き抜くこと。

つまり
成功に魂を売らない生き方を
どこまでも貫くこと
その結果
望んだ成功が得られないかもしれないし
もしかしたら
それ以上の成功が得られるかもしれない。

確かなのは
そういう生き方を貫くことで
歴史を作った偉大な人達
現在を支える素晴らしい人達から
同志としての尊敬と
友としての親しみと
愛情のこもった抱擁を
受けることができるということ。

その栄光の他に、それ以上
何を望む？
私は何も望まない。

peachery.com
桜桃歯科HP

awaji-suteki.com
淡路島観光HP

銀座のライブハウス
「GINZA Lounge ZERO」
旧「SWEET BASIL ZERO」にて

上田 裕康（うえだ ひろやす）

桜桃歯科院長 （一社）Twinkle Dental グループ代表 インプラント施術では全国トップクラスの実績を持つ。歯科医療を通じ、いかに国家、国民に貢献できるかに尽力。目指すべきは「貧困の根絶」と「機会の均等」。同情ではなく、個人、社会、国家の実力を最大限に発揮するために必要不可欠と考える。岐阜歯科大学在学中に訪れ、現在の活動拠点となっている「岐阜・柳ケ瀬」と生まれ故郷「淡路島」の地域創生活動にも取り組む。趣味はジャズドラム、ビブラフォンの演奏。座右の銘は「環境が才能を作るのではなく、才能が環境を作る」「弱いチームはミスして負けるが、強いチームはミスしても勝つ」「努力は成功するためにするのではなく、自身が思い残すことがないようにするものである」。

昭和34年 兵庫県淡路島生まれ
昭和58年 岐阜歯科大学卒業
平成 7 年 桜桃歯科開業
平成12年 京都大学再生医科学研究所研究生
平成14年 東北大学大学院医学系研究科研究生
平成27年 （一社）Twinkle Dental グループ設立

peachery.com
桜桃歯科HP

twinkle-dental.com
Twinkle Dentalグループ HP

youtube.com/watch?v＝QtUxaL339xw
淡路島観光動画サイト（YouTube 動画「ようこそ淡路島へ」）

awaji-suteki.com
淡路島観光HP

awaji-suteki.com/old
鳴門渦潮、淡路島（伊奘諾神宮世界遺産活動）HP

youtube.com/watch?v＝Wqz8eQx5HVM
CD「童謡 イン 柳ヶ瀬 2015」発売特別記念番組「一人の歯科医師の地方創生」
（2015 10月岐阜放送オンエア）（YouTube 動画「一人の歯科医師の地方創生」）

One Person ～一人の歯科医師～ ❶
「歯科ノミクスが日本を救う」

2016年12月23日　初版第1刷発行

・

著者　上田 裕康

発行者　永井 征平　発行所　中部経済新聞社

名古屋市中村区名駅4-4-10　〒450-8561
電話 052-561-5675（事業部）

印刷所　長苗印刷株式会社　製本所　株式会社脇田コウキ製本